AF497832

DEUX CHIENS

DE FAÏENCE

SCÈNES DE LA VIE INTIME EN UN ACTE

MÊLÉES DE CHANT

PAR

MM. EUGÈNE GRANGÉ et LAMBERT-THIBOUST

Représentées pour la première fois, à Paris, sur le théâtre des VARIÉTÉS,
le 26 novembre 1862.

PARIS

MICHEL LÉVY FRÈRES, LIBRAIRES ÉDITEURS

RUE VIVIENNE, 2 BIS, ET BOULEVARD DES ITALIENS, 15

A LA LIBRAIRIE NOUVELLE

—

1863

Distribution de la pièce.

———

CÉSAR. .... MM. Dupuis.

STÉPHANE DE BEAUCROUTON....... Blondelet.

Une Voix........................ Albert.

Un Auvergnat.................... Bénédict.

Un garçon de restaurant.......... Godard.

FINETTE........................ Mlles Alphonsine.

DOLORÈS....................... Keller.

———

Toutes les indications sont prises de la gauche ou de la droite du spectateur. Les personnages sont inscrits en tête des scènes dans l'ordre qu'ils occupent au théâtre. Les changements de position sont indiqués par des renvois au bas des pages.

DEUX CHIENS DE FAÏENCE

Le théâtre est divisé : Deux chambres ; à droite, celle de Finette, avec une alcôve. — A gauche, celle de César, avec un lit au fond, à gauche. — Portes d'entrée au fond. — Un cabinet au premier plan, à droite, dans la chambre de Finette. — Une fenêtre au premier plan, à gauche, dans la chambre de César. — Une porte de communication entre les deux chambres, au premier plan. — Dans la chambre de César, une table de nuit à gauche à la tête du lit. — Sur cette table une bougie, des allumettes et la montre de César sur un porte-montre. — Une petite commode adossée au mur de gauche. — Sur cette commode, un pot à tabac. — Au-dessus un ratelier de pipes. — Entre le lit et la commode, un tambour ; sous le lit une malle. — Une guitare est accrochée près de la fenêtre. — A la fenêtre est suspendu un miroir à barbe. — A droite, adossé au mur, un guéridon sur lequel il y a un bol de punch et des verres. — Dans la chambre de Finette, un canapé à droite près du lit. — Commode à gauche. — Près du canapé une petite table à volets. — Quand la porte d'entrée s'ouvre, on aperçoit sur le carré une fenêtre donnant sur la cour. — Chaises dans les deux chambres.

SCÈNE PREMIÈRE.

CÉSAR, FINETTE. Au lever du rideau, César est sur son lit, et Finette sur le canapé ; ils sont endormis ; César ronfle ; on entend sonner deux heures.

CÉSAR, se réveillant.

Hein ?... quoi ?... (Regardant sa montre.) Deux heures !... Sac à papier !... après ça, quand on s'est couché à sept heures du matin !... parce que... faut vous dire... j'ai donné une soirée hier... je me suis fendu d'un punch... nous étions là quatre ou cinq gentilshommes... nous nous sommes grisés comme des laquais ! Il y a Popelard qui avait un plumet !... Nous avons chanté, nous avons crié, nous avons vociféré... Ah ! la pimbêche d'à côté n'a pas dû fermer l'œil... Tiens ! est-ce qu'elle en taperait actuellement ? oh ! mais non ! oh ! mais non !... ne le faut pas !... (Il tire de dessous son oreiller un cornet à piston, et exécute une fanfare bruyante.)

FINETTE, réveillée en sursaut.

Ah! la canaille! la canaille!

CÉSAR.

Elle s'imagine comme ça qu'elle va dormir! quelle illusion! mon Dieu! (Il reprend sa fanfare; Finette sans dire un mot, agite frénétiquement une crécelle qu'elle a sur son canapé.) Elle a acheté une crécelle!

FINETTE.

Il veut que je déménage... mais je m'incruste... C'est toi qui fileras, grand jocrisse!

CÉSAR, au public.

Savez-vous ce que c'est que la haine?

FINETTE, de même.

Savez-vous ce que c'est que de ne pas pouvoir voir un bonhomme en peinture?

CÉSAR.

Mon ami Popelard m'avait dit : « Viens donc au casino Cadet, c'est très-distingué; il y a le portrait de madame Campan... et celui de madame de Staël... nous rirons. »

FINETTE.

Coralie, ma compagne d'atelier, m'avait dit : « Viens donc au casino Cadet; c'est plein d'hommes du monde; on ne tutoie pas les femmes, et la bière est excellente. »

CÉSAR.

Je suivis Popelard...

FINETTE.

J'escortai Coralie...

CÉSAR.

En dansant, je marche sur la robe d'une pie-grièche qui était dans les quatre-z'autres...

FINETTE.

En pinçant un quadrille, un grand escogriffe me déchire ma jupe... ça fait crac!...

CÉSAR.

Je me dis : J'ai marché sur sa robe, invitons-la!...

FINETTE.

Il ose m'inviter à danser!...

CÉSAR.

Elle me dit : « Vous n'êtes qu'un grand imbécile!... en chasse! » Pas gentil, ça, pour une demoiselle!

FINETTE.

Je refuse, il insiste!

CÉSAR.

Elle m'allonge un coup de poing.

FINETTE.

Je lui décoche une torgnole... oh! la jolie torgnole!

CÉSAR.

Monsieur, j'en ai vu trente-six chandelles.

FINETTE.

Après le casino, je rentre chez moi...

CÉSAR.

Le bal terminé, je regagne mes pénates..-

FINETTE.

Et dans l'escalier, je vois... qui?

CÉSAR.

Et qu'est-ce que je cogne au troisième?

FINETTE.

L'escogriffe!

CÉSAR.

La demoiselle à la giffle!

FINETTE, avec colère.

C'était mon voisin!

CÉSAR, de même.

C'était ma voisine!...

CÉSAR, après un temps, se dressant sur son lit.

Et je ne peux pas déménager! j'ai un bail!... (Il se re-couche.)

FINETTE.

Ah! gredin, va!

CÉSAR, bâillant.

C'est cocasse!... j'ai... une envie de dormir... ahôah!...

FINETTE, prêtant l'oreille.

Est-ce qu'il dormirait, le mécréant? ah! mais non! ah! mais non! (Se levant.) Où est mon marteau? qu'est-ce que j'ai fait de mon marteau? ah! le voilà! (Elle prend le marteau et se met à enfoncer des clous dans le mur de séparation en cognant très-fort.)

CÉSAR, sur son séant.

Qu'est-ce qu'elle fait?... Elle cloue!... (Criant.) Eh! madame! on n'a pas le droit de se livrer à la serrurerie dans la maison.

FINETTE.

Je cloue des patères pour mes robes. (Elle continue.)

CÉSAR.

Voyons, madame, qu'est-ce que ça signifie à la fin des fins?

FINETTE.

Flûte! (Elle cogne toujours.)

CÉSAR, sautant à bas de son lit.

Flûte!... Attends! attends! (Il prend un marteau et se met à cogner de son côté.)

FINETTE, s'arrêtant.

Hein?... il cogne!

CÉSAR, criant.

Je cloue des patères pour mes robes.

FINETTE.

Grand flandrin!... ah! vous êtes beau, allez!

CÉSAR.

Avec ça que vous êtes jolie, vous?

FINETTE.

Avec votre air bête et vos grandes pattes de homard... (L'imitant.) « Dites donc, madame la concierge, n'y a pas de lettres pour moi? » Ah! vous êtes un joli coco, allez!

CÉSAR.

Eh bien, et vous donc, avec votre nez pointu... et vos petits trottinements! (L'imitant.) « Madame, vous n'avez rien pour moi? » Ah! vous êtes encore une jolie paroissienne, vous! ah! ah! ah!

FINETTE.

Mais cet homme m'insulte! Jocrisse! Bobêche!

CÉSAR.

Pie-grièche!

FINETTE.

Monsieur, vous n'êtes qu'un moule à singe!

CÉSAR.

Qu'est-ce qu'elle a dit? qu'est-ce qu'elle a dit? moule à singe? Elle me donne des noms d'animaux! ah! c'est trop fort! (On frappe à la porte de Finette.)

FINETTE.

Qui est là?

LA VOIX DE M. GRELU.

Dites donc, mamzelle Finette?

FINETTE.

Tiens, c'est le père Grelu, le portier.

LA VOIX.

Vot' lait est à vot' porte depuis ce matin.

FINETTE, mettant son tablier.

Bon! laissez-le... je m'habille...

CÉSAR, criant.

Oh! père Grelu?

LA VOIX.

Monsieur César ?

CÉSAR.

Et mes bottines ?

LA VOIX.

Ma femme achève de les vernir.

CÉSAR.

Dépêchez-vous de me les monter !... Il faut que j'aille chez mon agent de change.

FINETTE.

Son agent de change ! as-tu fini tes manières ! son agent de change !... En voilà un qui ne vendra pas sa charge quinze cent mille francs !

CÉSAR, à part.

Son lait ! quelle idée ! ah ! je suis un moule à singe ! (Il ouvre doucement sa porte et disparaît.)

FINETTE.

Tu déménageras ou tu diras pourquoi, va-nu-pieds !... Et dire que je n'ai pas le droit de tuer cet homme ! Quand une faible femme supprime un monsieur, on lui fait des histoires ! Ah ! le Code civil est ignoble !

CÉSAR, rentrant.

Ça y est ! Tu fileras de la maison, va, mijaurée !... (Il prend son blaireau, se met du savon sur la figure, et repasse son rasoir.) Un poëte a dit : « Oh ! n'insultez jamais une femme qui tombe. » Mais une femme qui tombe sur vous... à coups de poing !... c'est bien différend ! il y a une nuance énorme ! (Il commence à se raser devant le miroir qui est à la fenêtre.)

LA VOIX DE M. GRELU.

Monsieur César, v'là vos bottines !

CÉSAR.

C'est bien !... mettez-les sur le carré.

FINETTE, à part.

Tes bottines ! attends un peu ! (Elle prend une petite boîte et disparaît un instant sur le carré.)

CÉSAR, se rasant toujours.

Et on vous dit : « Faut être galant avec les femmes. » Et les femmes vous gifflent... et vous... vous n'avez pas le droit de les battre... Il y a un préjugé !... C'est vrai... vous battez une femme sur le boulevard, les sergents de ville vous arrêtent : une femme vous bat, les sergents de ville vous blaguent... voilà comment la police est faite en France !

FINETTE, *rentrant avec sa boîte au lait.*

Nà, ça y est!

CÉSAR, *s'essuyant la figure.*

Maintenant, mes bottines! (Il *sort en chantonnant.*)

FINETTE.

Oui, va, mets-les, tes bottines!... oh! qu'est-ce qu'il y a dans mon lait? mon cordon de sonnette!

CÉSAR, *rentrant avec des bottines qui sont blanches.*

On a mis de la poudre de riz sur mes bottines?

FINETTE.

C'est vous qui avez coupé mon cordon de sonnette!

CÉSAR.

C'est vous qui avez maquillé mes bottines! mais, madame, mes bottines sont honnêtes... on va les prendre pour des bottines entretenues!... A moi la vengeance! (Il *décroche sa guitare et se met à râcler.*) Nous allons jouer le Carnaval de Venise, avec les variations. (Il *prélude.*)

FINETTE.

La guitare! ah! j'étouffe! je suffoque!.... (Elle *va ouvrir la fenêtre du carré.*) Ah! psst!... hé! l'homme!... oui... vous! montez! (Elle *rentre chez elle.*)

CÉSAR.

En avant la scie carabinée!

AIR *de la sérénade de Dunanan.*

Il était à Paris,
Dans le faubourg saint-D'nis
Un' brodeuse;
Pour son pauvre voisin
Le soir et le matin
Quell' gêneuse!
Laïtou
File (5 *fois*) de ton trou!
Laïtou
File (5 *fois*) n'importe où!

FINETTE, *parlé.*

Oh! cette guitare m'agace!

CÉSAR, *continuant.*

DEUXIÈME COUPLET.

Cette brodeuse-là
Bien longtemps l'ennuya
De la sorte;
Cette brodeuse-là,

Ah! vraiment que le dia-
ble l'emporte!
Laïtou
File (5 *fois*) de ton trou!
Laïtou
File (5 *fois*) n'importe où!

FINETTE, trépignant.

CÉSAR, continuant.

TROISIÈME COUPLET.

Cette brodeuse-là
Un jour déguerpira,
Je l'espère ;
Et ça serait bientôt,
Si moi j'étais son pro-
Priétaire!
Laïtou !
File (5 *fois*) de ton trou !
Laïtou!
File! (5 *fois*) n'importe où !

(Après le troisième couplet, la porte de Finette s'ouvre, et un Auvergnat
paraît avec un orgue.)

L'AUVERGNAT *.

Chest-y vous qui m'a appela, mamzelle?

FINETTE.

Enfin !... oui, c'est moi. Posez là votre mécanique !

L'AUVERGNAT.

Voilà. (Il pose son orgue à terre.)

CÉSAR, accordant sa guitare.

Il y a dix-sept couplets comme ça.

FINETTE.

Attends, brigand, je vais t'en moudre !... (Au moment où
César va commencer le quatrième couplet, sa voix et sa guitare sont cou-
vertes par Finette qui joue de l'orgue à tour de bras.)

CÉSAR, s'arrêtant.

Un orgue ! ah ! c'est trop de barbarie !... Et j'ai un bail !
j'ai un bail ! (Il raccroche sa guitare.)

* César, l'Auvergnat, Finette.

SCÈNE II

Les Mêmes, STÉPHANE, entrant chez Finette. Il reste stupéfait à la vue de Finette qui joue de l'orgue avec frénésie.

STÉPHANE *.

Mademoiselle Finette?

FINETTE, tournant toujours.

Je suis occupée!

STÉPHANE.

Ne vous dérangez pas!.. je repasserai!... (A part.) Pourquoi donc joue-t-elle de l'orgue? (Il sort.)

CÉSAR, qui a pris le tambour, se met à tambouriner vigoureusement **.

La guitare ne suffisant plus, passons à d'autres exercices.

STÉPHANE, entrant chez César ***.

Hein! on bat le rappel dans ma maison?

CÉSAR.

Oh! le propriétaire! (Très-gracieux.) Donnez-vous donc la peine de vous asseoir!... (Il lui offre le tambour, puis, s'apercevant de son erreur, le remet en place.)

STÉPHANE, s'asseyant à droite.

Ah çà! qu'est-ce que ça veut dire?

FINETTE, au joueur d'orgue, en lui donnant de l'argent ****.

Tenez, mon brave homme, voilà pour vous.

LE JOUEUR D'ORGUE, reprenant son orgue.

Vingt chous! merchi, mamzelle! (Il sort.)

FINETTE.

Ah! ces émotions me donnent la fringale!... j'ai envie de manger des côtelettes aux cornichons; je vais chercher des côtelettes aux cornichons! (Criant en frappant sur le mur.) A tout à l'heure, grand macaque!

CÉSAR, criant aussi.

Quand vous voudrez, fée Pimbêche!

STÉPHANE, riant, à part.

Parfait! c'est charmant!

* César, Stéphane, Finette, l'Auvergnat.
** César, Finette, l'Auvergnat.
*** César, Stéphane, Finette, l'Auvergnat.
**** César, Stéphane, l'Auvergnat, Finette.

ENSEMBLE.

Air : *Vengeance.*

La guerre! (*bis.*)
Nons devons nous } la faire,
Vous devez-vous
    Oui
La faire ainsi
Sans pitié ni merci !

(Finette sort.)

SCÈNE III

CÉSAR, STÉPHANE.

STÉPHANE, assis, son lorgnon dans l'œil et mordillant sa canne.

Ah çà! mon cher, cette haine féroce ne s'apaise donc point ?

CÉSAR.

Voyez-vous, monsieur Beaucroûton, cette femme-là me fera mourir de la poitrine... je ne peux pas être tranquille cinq minutes dans mon bazar. Ainsi, tenez, exemple : je ne peux pas avoir de paillasson...

STÉPHANE.

Comment ça ?

CÉSAR.

J'avais un beau paillasson qui faisait l'admiration des connaisseurs. Un soir, je rentre... plus de paillasson !... Et on avait écrit sur la porte avec de la craie : « Ne cherchez pas votre paillasson, il n'y est plus ! »

STÉPHANE, riant.

Ah! ah! ah!

CÉSAR.

C'était elle... l'harpie d'à côté... J'en ai racheté trois, des paillassons... Monsieur, on n'avait même pas le temps de les poser... toujours elle !... oh! aussi, je l'abomine.

STÉPHANE.

Allons donc! vous dites cela !...

CÉSAR.

Je l'abomine, aussi vrai que j'en aime une autre.

STÉPHANE.

Bah?

CÉSAR, prenant de l'argent dans son pot à tabac.

Voilà les cinquante francs de mon terme... (Il les donne.) Oui, j'en aime une autre... une femme du monde... (Changeant de ton.) Vous avez la quittance?

STÉPHANE, riant.

Parfaitement! (Il la lui donne.)

CÉSAR.

Ce n'est pas que je manque de confiance en vous, monsieur Beaucroûton ; mais enfin, même avec les propriétaires... on ne saurait s'entourer de trop de précautions.

STÉPHANE.

Et cette femme du monde vous aime aussi ?

CÉSAR.

C'est du délire, monsieur Beaucroûton, c'est du délire. Elle a refusé pour moi la main d'un boyard !

STÉPHANE.

Un boyard ?

CÉSAR.

Et un vrai... un boyard qui avait dix-sept villages !...

STÉPHANE.

Alors, sérieusement, la jeune Finette vous déplait ?

CÉSAR.

Oh ! c'est au point que je viens vous supplier de rompre mon bail... Monsieur Beaucroûton, laissez-moi sous-louer mon bazar.

STÉPHANE, se levant.

N'y comptez pas, mon bon !

CÉSAR.

Hein !... Et pourquoi ?

STÉPHANE.

Parce que je suis fou de cette perle des brodeuses, que je suis enchanté qu'elle soit mal avec son voisin ; que si j'avais un autre locataire, il deviendrait peut-être mon rival, et qu'actuellement je suis parfaitement tranquille.

CÉSAR.

Louez à une femme !

STÉPHANE.

Allons donc ! pour qu'elle lui donne de mauvais conseils !

CÉSAR.

Comment ! vous êtes amoureux de cette femme-là ?

STÉPHANE.

Oui, je désire la lancer sur le turf... cela vous étonne, n'est-il pas vrai, qu'un garçon tel que moi, bien fait, spirituel, distingué...

CÉSAR, à part.

Eh bien ! il ne se donne pas de coups de pied... dans les jambes.

STÉPHANE.

Mais quoi ! j'aime les grisettes... ça me change. L'amour des duchesses me fatigue.

CÉSAR.

Vous ne voulez pas rompre mon bail ?

STÉPHANE, riant.

Ah ! ah ! ah !... jamais !

CÉSAR, anéanti.

J'ai un bail !... j'ai un bail !

ENSEMBLE.

AIR :

CÉSAR.

Pour moi quelle chose terrible !
Est-il un plus affreux destin !
De cette voisine impossible,
Deux ans, je serai le voisin !

STÉPHANE, riant.

Pour lui quelle chose terrible !
Est-il un plus affreux destin !
De cette voisine impossible,
Deux ans, il sera le voisin !

(très-railleur.)

Auprès de cette demoiselle,
Deux ans, vous resterez, mon bon.

CÉSAR.

Je me brûlerai la cervelle
Ou j'avalerai... du charbon !

REPRISE DE L'ENSEMBLE.

(Stéphane sort.)

SCÈNE IV

CÉSAR, seul dans sa chambre ; STÉPHANE, un instant en dehors, puis DOLORÈS.

CÉSAR.

Mais c'est une abomination !... une femme qui, avant-hier encore, a tendu nuitamment une ficelle, que je me suis flanqué les quatre fers en l'air ! (On entend Stéphane frapper chez Finette.)

STÉPHANE, en dehors.

Charmante Finette ! c'est moi !

CÉSAR.

Oui, frappe, va !

STÉPHANE, en dehors.

Vous n'y êtes pas ? je repasserai tout à l'heure ! ô amour !

CÉSAR.

Et il l'aime ! il aime cette Tisiphone, cette furie, cette dragonne que l'enfer a déchaînée pour me filouter mes palaissons ! oh !... (On frappe à sa porte.) On a frappé !... c'est Dolorès ! Enfin, c'est la femme que j'aime !... (D'une voix caressante.) Entrez !

DOLORÈS *, lui tendant la main négligemment.

Bonjour ! (S'asseyant à gauche.) Ouf ! vous demeurez fièrement haut !

CÉSAR.

Oh ! dans deux ans... et demi... j'achète une maison rue de la Paix... si je trouve quelque chose qui soit dans mes prix... (Avec passion.) Enfin, la divinité visite donc le temple où on l'adore !... C'est donc vous ?

DOLORÈS.

Oui, c'est moi. Cela vous étonne, n'est-ce pas, mon ami ? une femme comme moi, une étoile chorégraphique, entourée de ce qu'il y a de mieux à Paris, des ambassadeurs exotiques, des Russes sérieux, grimper cinq étages, pour venir ici, dans ce taudis !.. vous n'êtes pourtant pas beau... (Elle se lève.)

CÉSAR.

Peuh ! j'ai de la physionomie...

DOLORÈS.

Que dites-vous quand vous entendez dans l'escalier le bruit enivrant de ma robe de soie ?... Vous devez vous dire, n'est-ce pas : « Est-ce bien possible ? mais non, je fais un rêve... un beau rêve... moi, simple graveur, moi, qui ne suis rien, qui suis laid, qui n'ai aucun talent, je suis aimé de qui ? d'une femme qui pour moi a refusé la main d'un boyard, d'une artiste qui a deux femmes de chambre, un cuisinier chef, un groom, une voiture à huit ressorts et des diamants innombrables ! » N'est-ce pas, mon ami, que vous vous dites cela ?

CÉSAR, interdit.

Certainement, mais...

DOLORÈS, lui tendant la main.

Baisez ma main...

____

* Dolorès, César.

CÉSAR, obéissant.

Avec bonheur, avec...

DOLORÈS.

Vous venez de baiser une main à laquelle est attaché un bracelet de deux mille cinq cents roubles, un cadeau du théâtre de Saint-Pétersbourg.

CÉSAR.

Ah ! (A part.) C'est ça qui vous pose un homme !.. Au fond j'ai de la chance !

DOLORÈS *, passant à droite.

Il y a bien des hommes qui voudraient être à votre place, mon ami... Ah ! si on leur disait que je vous aime, ils seraient très-étonnés... « Comment ! s'écrieraient-ils, Dolorès aimer un pareil personnage ! un individu sans nom, sans tournure, sans esprit, sans talent...

CÉSAR, à part.

Ah ! mais ! ah ! mais ! ah ! mais ! (Il s'assied à gauche.)

DOLORÈS, lorgnant de tous côtés.

Je serais la fable de Paris... mais quoi ! je vous aime, mon ami, et tout en comprenant le ridicule de ma situation, je viens quand même... C'est bizarre, n'est-ce pas, mon ami ? (Elle joue avec la chaîne de son lorgnon.) Voici un lorgnon enrichi de diamants de cinq mille quatre cents francs qui m'a été envoyé, après mon pas de l'Ombre, par un admirateur de mon talent.

CÉSAR, à part, se levant.

Ah çà ! est-ce qu'elle aurait la prétention de me le vendre ? voilà une illusion, par exemple !

DOLORÈS, se rasseyant à droite.

Et puis, j'ai assez de ces hommes sans cesse agenouillés devant moi. Les ducs et les marquis me sont odieux... César, c'est vous que j'aime.

CÉSAR, avec passion.

Oh ! Dolorès... Demandez-moi ma vie ! demandez-moi ma vie !... (Il s'agenouille devant elle.)

SCÈNE V

CÉSAR et DOLORÈS; FINETTE, rentrant chez elle.

FINETTE, à part.

J'ai commandé mes côtelettes chez le charcutier... Je

____

* César, Dolorès.

vais me payer une petite dînette! (Elle met la table au milieu de la chambre et dispose son couvert.)

CÉSAR, à Dolorès.

Oui, demandez-moi ma vie... et je la dépose à vos pieds.

FINETTE, à part, écoutant.

Tiens! il n'est pas seul, cet imbécile...

DOLORÈS.

Oui, enivrez-moi de paroles d'amour... jouez de la guitare!

FINETTE, à part.

Encore la guitare!

DOLORÈS.

Dites-moi des paroles brûlantes, traînez-vous à mes pieds, faites-moi vivre enfin!

FINETTE, à part.

Une femme! Il reçoit des femmes!

CÉSAR, jouant la grande passion et se relevant.

Marquise, je vous aime!

DOLORÈS, avec bonheur.

Bien!... très-bien!...

CÉSAR.

Vous êtes venue chez un graveur en chambre, madame, vous ne vous en repentirez pas! à vous ma jeunesse et mon avenir! Qu'ils viennent, ces gentilshommes, t'arracher de mes bras... Le portier ne les laissera pas monter!... (Il se remet à genoux.)

DOLORÈS.

Oh! parle, parle encore! tu me grises! Oh! les ivresses! les ivresses!

FINETTE, à part.

Mais c'est indécent! on entend tout ce qui se passe! (César et Dolorès se lèvent.)

CÉSAR, avec passion.

AIR : *Aussi l' monde, dit-il.*

Si j'étais le roi
Le roi des Espagnes,
Si j'avais à moi
Vallons et montagnes,
Si j'avais tout l'or,
Tout l'or de Golconde,
Si j'avais le monde,
Si j'avais encor
La jeune Amérique,
L'Asie et l'Afrique...

Et même la Belgique !
Vraiment, si j'avais
Tout ça... je te le donnerais !
Tu saurais,
Tu verrais
Tout ce que pour toi je ferais !

ENSEMBLE.

Oui (9 *fois*), tous ces trésors ${tu \atop je}$ les aurais ! (*bis.*)

(César se jette aux pieds de Dolorès ; au même instant sa porte s'ouvre, et
Finette, l'œil étincelant et irrité, se précipite comme une avalanche.)

FINETTE *.

Ah çà ! est-ce que cette existence-là ne va pas finir ?
(Dolorès passe à gauche.)

CÉSAR, se relevant **.

Hein ? ma bête noire !

DOLORÈS.

Quelle est cette femme ?

FINETTE.

La maison est honnête, madame ; nous ne recevons pas de
demoiselles !

CÉSAR.

Ah çà ! mais dites donc, vous !...

DOLORÈS.

Madame !...

FINETTE, l'imitant.

Mêdême !... Oh ! vous savez, ma petite, il ne faut pas nous
la faire, celle-là ! une marquise !... Ah ! ah ! ah ! on les con-
naît, ces Andalouses !... Ah ! c'est comme ça que vous venez
déranger les petits jeunes gens ! C'est vrai, un jeune homme
est chez lui bien tranquille... il travaille, il gagne ses quatre
francs, quatre francs dix sous par jour... Il est pur, quoi ! il
est pur !... Et vous montez à son belvédère... avec vos diamants, votre robe à queue... Et vous venez le déranger pour
lui dire : « Je t'aime !... » Sortez, madame, sortez !

CÉSAR.

Elle met ma bonne amie à la porte !

DOLORÈS, tranquillement.

César, jetez cette femme par la fenêtre !...

* César, Dolorès, Finette.
** Dolorès, César, Finette.

FINETTE.

Moi!... qu'il y vienne donc!... (Elle prend une pose de boxeur ; César, qui s'approchait, recule intimidé.) Et il vous faut de la guitare ? attends, attends, je vais l'accorder, la vieille guitare !... (Elle prend la guitare et la jette par la fenêtre.)

CÉSAR *.

Madame !

FINETTE, à Dolorès.

Mais vous ne l'aimez pas, madame !... mais il est affreux !... mais regardez donc ses mains ? (A César.) Montrez donc vos pattes à madame !

CÉSAR.

Ah! c'est trop fort!... ne m'irritez pas... ou j'oublie tous les préjugés.

FINETTE.

Je me plaindrai au propriétaire! Cette maison était pure, et vous en avez fait une tour de Nesle, affreux Buridan !

CÉSAR.

Moi?...

FINETTE.

Ah! vous recevez trente-six femmes toute la journée!...

DOLORÈS.

Trente-six femmes ?

CÉSAR, criant.

Mais ça n'est pas vrai ! mais ça n'est pas vrai !

FINETTE, à Dolorès.

Vous vous croyez donc la seule ? Ah! ah! ah! ah! mais ça ne désemplit pas, madame !

DOLORÈS.

César, justifiez-vous !

CÉSAR, allant à Dolorès.

Mais ça n'est pas vrai ! mais ce sont des potins !

FINETTE **.

Des potins! ce misérable reçoit des blondes, des brunes... et même une grande rousse qui crie dans l'escalier... Cette nuit, il avait onze femmes à domicile : Ils ont bu du punch... Tenez!... il en reste ! (Elle prend le bol que César lui arrache et qu'il remet sur le guéridon.)

* Dolorès, Finette, César.
** Dolorès, César, Finette.

DOLORÈS, allant à César *.

Oh !... monsieur, tout est fini entre nous !

CÉSAR.

Mais non... c'étaient des hommes !

DOLORÈS.

Ce soir je viendrai chercher mes lettres... adieu pour toujours ! (Elle va pour sortir.)

CÉSAR, essayant de la retenir.

Mais non... Dolorès... écoutez-moi !...

DOLORÈS, lui donnant un soufflet.

Tenez !

CÉSAR.

Oh ! (A Finette.) Mais dites-lui donc que vous avez menti ! ...

FINETTE, lui donnant un soufflet.

Insolent !

CÉSAR.

Oh ! (Avec désespoir.) Et j'ai un bail ! j'ai un bail !

ENSEMBLE.

AIR *de la Polka des fleurs.*

FINETTE et DOLORÈS.

Ah ! c'est affreux,
Odieux,
Scandaleux,
C'est abominable !
C'est épouvantable !
Oui, c'est affreux,
Odieux,
Scandaleux !
Prenez garde à vos deux
Yeux !

CÉSAR.

Quel sort affreux,
Odieux,
Scandaleux !
C'est épouvantable !
C'est abominable !
Quel sort affreux,
Odieux,
Scandaleux !
Que ne suis je à Périgueux !

(Finette sort exaspérée et Dolorès s'échappe en repoussant César qui veut toujours s'expliquer.)

* Finette, Dolorès, César.

CÉSAR, seul.

Voilà qu'elle m'a brouillé avec ma bonne amie à présent!
Ah! c'est à devenir hydrophobe! (Criant.) Dolorès! écoutez-
moi! Dolorès! (Il s'élance à la poursuite de Dolorès, au moment où
Finette rentre dans sa chambre.)

SCÈNE VI

FINETTE, chez elle: puis STÉPHANE; puis un garçon de
restaurant.

FINETTE, seule.

Ah! oui, que tu t'en iras, chenapan! Je serai ton trouble-
fête, ton cauchemar, ton Cabrion... Ah! monsieur reçoit des
cocottes... on fera la chasse aux cocottes, et il faudra bien...
(On entend un grand bruit dans l'escalier.) Ce bruit!... oh! si ça pou-
vait être lui qui dégringole! (Stéphane entre vivement chez Finette,
la toilette en désordre, le chapeau défoncé *.) Monsieur Stéphane!

STÉPHANE.

Ah çà! qu'est-ce qu'il a donc, mon locataire?... Il devient
fou!... Nous nous sommes heurtés dans l'escalier **...

FINETTE, allant à sa commode et y prenant de l'argent qu'elle donne à
Stéphane.

Huit avril! jour du terme: Voici la chose! honneur au propriétaire. (Tendant la main.) Ma quittance?

STÉPHANE, la lui donnant.

La voilà! Ah! délicieuse Finette, ce n'est point le huit avril
qui m'amène.

FINETTE.

Bah!... Et qu'est-ce donc?

STÉPHANE, très Louis XV.

Ah! friponne!

FINETTE.

Hein?

STÉPHANE.

Ne l'avez-vous pas déjà deviné à l'incandescence de mon
regard?

FINETTE.

Ah bah! une déclaration! comme ça, à brûle-pourpoint?...
ah! que c'est bête!

STÉPHANE, à part.

Elle est drôle!... Ces petites plébéiennes sont drôles!

* Stéphane, Finette.
** Finette, Stéphane.

(Haut.) Tant de charmes ne sont pas faits pour habiter les combles.. je veux vous lancer... vous offrir un petit entresol dans les Champs-Élyséens.

FINETTE, scandalisée.

Jeune homme!

STÉPHANE.

Dites un mot, et pour vous je quitte la duchesse.

FINETTE, riant à part.

Ah! ah! lui aussi!

STÉPHANE.

Dites un mot, et demain vous aurez un coupé.

FINETTE.

Avec le cheval?

STÉPHANE.

Avec le cheval... ah! Finette, écurie et remise... et mon cœur!

FINETTE.

Eh bien, repassez, mon bonhomme, je veux rester sage!...

STÉPHANE.

Bah! mais ça ne se fait pas!

FINETTE.

C'est possible! mais c'est comme ça! Ah! c'est si bon, la liberté!... je resterai garçon!

AIR d'*Hervé*.

Jamais d'accroc à la morale,
Pas d'anicroche à la vertu!
Je veux m' conduir' comme un' vestale,
Et n' pas mordre au fruit défendu!

On peut comm' ça danser au bal,
Sans se voir dir' par un brutal:
« N' dansez pas avec celui-là! »
    Et patati! Et patata!
    Nul ne vous inquiète;
    On peut en liberté
    Se pousser d' la gaîté,
    Accepter une canette.
        Ohé!
        Viv' la gaîté!
On a, sans amourette,
Sa p'tit' tranquillité!
Jamais d'accroc à la morale,
Pas d'anicroche à la vertu!
Je veux m' conduir' comme un' vestale,
Et n' pas mordre au fruit défendu!

REPRISE ENSEMBLE.

FINETTE, avec un mouvement de danse autour de la table.
Jamais d'accroc à la morale!
Etc.

STÉPHANE, la suivant.
Quoi! pas d'accroc à la morale.
Pas d'anicroche à la vertu!
Elle veut devenir vestale
Et ne pas mordr' au fruit défendu!

STÉPHANE.
Mais c'est de la démence !

FINETTE, avec impatience.
Et mes côtelettes qui n'arrivent pas !...

STÉPHANE, ahuri.
Hein ! quoi? vos côtelettes ?

FINETTE.
Moi qui meurs de faim!... (On frappe à la porte.) Ah ! les voilà !... c'est heureux !... (Elle va ouvrir la porte et reste surprise en voyant un garçon restaurateur avec une manne.) Tiens ! un garçon traiteur !

LE GARÇON *.
Mademoiselle Finette ?

STÉPHANE.
C'est ici... entrez !... posez là votre manne. (Elle indique la table, le garçon y dépose sa manne.)

FINETTE.
Qu'est-ce que c'est que ça?

STÉPHANE.
Parbleu! c'est votre dîner.

FINETTE.
Mon dîner! (Regardant les objets que contient la manne.) Des cre-vettes... un perdreau... des fraises... du champagne... mais j'avais commandé des côtelettes aux cornichons. (Le garçon pose sa manne à terre et met sur la table tout ce qu'elle contient, ainsi qu'un second couvert.)

STÉPHANE.
Une vile charcuterie! fi donc!

FINETTE.
Mais par quel hasard s'est-elle transformée... comme dans les féeries du Cirque?

* Finette, le garçon, Stéphane.

STÉPHANE.

Le truc est bien simple.

FINETTE.

Comment ?

STÉPHANE.

Caché dans mon coupé de chez Erler, je vous avais aper-
çue entrant chez le charcutier ; vous laisser partir, décom-
mander le porc frais et courir chez Bignon, fut pour moi
l'affaire d'un instant.

FINETTE.

Hé quoi ! monsieur, c'est vous qui m'offrez ?...

STÉPHANE.

Moi-même, jolie brodeuse.

FINETTE.

Ah ! c'est d'un délicat !

STÉPHANE, au garçon en lui donnant une pièce de monnaie.

Clovis, laissez-nous ! (Le garçon sort.)

FINETTE *.

Un menu si coquet ! voilà une galanterie !...

STÉPHANE.

Pour laquelle je n'implore que la faveur de partager ce
repas avec vous.

FINETTE, hésitant.

Dîner en tête-à-tête... Et avec du champagne... un petit
vin si traître !... ah ! milord !...

STÉPHANE.

Acceptez !

FINETTE.

Risquer ma réputation, l'estime du portier... c'est grave !

STÉPHANE.

Eh ! qu'importent les préjugés du monde !... mon amour
vous dédommagera !

SCÈNE VII

LES MÊMES, CÉSAR, chez lui.

CÉSAR, rentrant dans sa chambre **.

Impossible de rejoindre Dolorès ! (Tirant un petit pain de sa
poche.) Cassons toujours cette flûte, en attendant le diner.

* Finette, Stéphane.
** César, Finette, Stéphane.

FINETTE, regardant sur la table, en passant derrière.

Ah! ce perdreau a de l'œil.

STÉPHANE *.

Un mot de vous, Finette, et il aura des confrères... Je serai votre esclave, votre nègre, votre homme du Sud!

FINETTE.

Mon homme du Sud!

CÉSAR, à part.

Hein? une voix mâle chez ma voisine! (Il écoute.)

STÉPHANE, à part.

Elle chancelle! (Haut.) Folle enfant que tu es... ne jette pas à tes pieds ce luxe, cette vie élégante pour laquelle tu es faite... c'est pour toi que broutent les chèvres du Thibet; c'est pour orner ton cou et tes oreilles que les plongeurs vont au sein des mers cueillir la perle blonde... c'est pour toi que le soleil mûrit les fraises et les primeurs; c'est pour toi que frémit doucement sous les baisers de la brise le lac du bois de Boulogne.

FINETTE.

C'est-y possible !

CÉSAR, à part.

Il la tutoye!... mais c'est indécent, mais on entend tout par ici !

STÉPHANE.

AIR *chanté scène* v.

Ah! si j'étais roi,
Roi d'Abyssinie;
Si j'avais à moi
La Californie,
L'or, les diamants,
Les riches trophées
Et des bonnes fées
Tous les talismans,
Si, chance opportune,
J'avais pour fortune
Le soleil et la lune!

Vraiment, si j'avais
Tout ça... je te le donnerais...
Tu saurais,
Tu verrais
Tout c' qu'à tes pieds je mettrais !

ENSEMBLE.

Oui (9 *fois*), tous ces trésors $\begin{matrix} tu \\ je \end{matrix}$ les aurais.

(César sort de sa chambre; Stéphane est aux pieds de Finette.)

* César, Stéphane, Finette.

CÉSAR, entrant brusquement dans la chambre de Finette, et se croisant les bras *.

Ah çà! est-ce que ça ne va pas bientôt finir, cette petite existence-là?...

STÉPHANE, se relevant.

Monsieur César!

FINETTE.

Mon gredin!... vous ici, dans mon domicile! Par exemple, c'est avoir du toupet!... Et de quel droit, s'il vous plaît, pénétrez-vous chez moi?

CÉSAR.

Ah! parbleu, j'aime bien ça!... Eh bien! et vous?... Est-ce que vous n'avez pas fait invasion dans mon intérieur?

FINETTE.

Moi, moi... c'est possible!... mais...

CÉSAR.

Ah! vous venez me faire des scènes, ah! vous me brouillez avec ma bonne amie... une femme du monde... Et vous croyez que je vas vous laisser marivauder avec un cocodès!

FINETTE.

Un concodès!...

STÉPHANE, vexé.

Permettez!... cette expression... (Il passe à droite.)

CÉSAR, allant à lui **.

Et c'est un propriétaire qui donne le mauvais exemple dans la maison! Les voilà donc, ces hommes, qui viennent déranger les jeunes filles!... Sortez, monsieur, sortez!...

FINETTE.

Sortir!

STÉPHANE.

Moi, filer?...

CÉSAR.

Et vivement! Et *illico!*

STÉPHANE.

Pardon!... mais je dîne avec mademoiselle...

CÉSAR.

Dîner?...

FINETTE.

Certainement, monsieur dîne avec moi.

* Stéphane, César, Finette.
** Finette, César Stéphane.

CÉSAR.

Lui !... et je tolérerais ça !... (A Stéphane, d'un air menaçant.) Sortez, sortez à l'instant !

STÉPHANE, reculant devant César et se trouvant devant la porte du cabinet.

Mais du tout !... je reste et c'est vous qui sortirez !

CÉSAR.

Ah ! l'on résiste !... Eh bien ! à nous deux ! (Il prend Stéphane par le collet.)

STÉPHANE, se débattant.

Monsieur !... monsieur !... lâchez-moi !... Vous éreintez mon soubadar ! (César pousse Stéphane, qui se débat, dans le cabinet et referme la porte.)

CÉSAR *.

Coffré !...

FINETTE, à part.

Comment !... il l'enferme !...

CÉSAR, à Finette.

Et nous, à table ! (Il prend une chaise.)

FINETTE, furieuse.

A table !

CÉSAR.

Et dînons. (Il avance la table sur le devant.)

FINETTE.

Dîner avec vous, moi ?... jamais !

CÉSAR, bas.

C'est pour l'amener à me laisser déménager.

FINETTE, bas.

Je comprends !... le supplice de *Cancale !*

CÉSAR.

C'est ça même.

FINETTE.

Oh ! alors !... à table ! (Ils s'asseyent à table, en face l'un de l'autre.)

STÉPHANE, cognant à la porte du cabinet.

Monsieur !... ouvrez !... ouvrez-moi !

CÉSAR.

Consentez-vous à rompre mon bail ?

STÉPHANE.

Non !

---

* Finette, César.

CÉSAR.

Alors, bonjour!... (Mangeant, et avec intention.) Ah! les bonnes crevettes!

FINETTE, de même.

Et ce perdreau!... quelle mine il vous a!

CÉSAR.

Et ces truffes!... sentez donc ces truffes!

FINETTE.

Ah! Dieu!... ça embaume!... ça embaume.

PREMIER COUPLET.

AIR *nouveau de Victor Chéri.*

De ces truffes vraiment divines
Non, rien n'égale le fumet!

CÉSAR.

Ça vous chatouille les narines!

FINETTE.

Quel doux parfum! qu'il a d'attrait!

CÉSAR.

Dans son mouchoir on en mettrait!

FINETTE, prenant la bouteille en versant.

Et les glouglous
De ce vin doux!...

ENSEMBLE.

Tin, tin, tin, tin, tin,
Quel dîner fin!
Tin, tin, tin, tin, tin,
Le verre en main,
Tin, tin, tin.
Chantons jusqu'à demain :
Vive un joyeux festin!

STÉPHANE, criant dans le cabinet et frappant à la porte.

Manger mon diner... c'est une indignité!... C'est un abus de confiance!

CÉSAR.

Résiliez-vous?

STÉPHANE, criant.

Non!

CÉSAR, à Finette

Allons toujours!...

FINETTE.

DEUXIÈME COUPLET.

A ce champagne qui pétille
Je veux livrer plus d'un assaut!

CÉSAR.

Il vous picote, il émoustille !

FINETTE.

Faut avouer que le cliquot
Est bien supérieur au coco !

CÉSAR.

Que ses glouglous
Me semblent doux !

ENSEMBLE.

Tin, tin, tin, tin, tin,
Le joli vin !
Tin, tin, tin, tin tin,
Le verre en main,
Tin, tin, tin,
Chantons jusqu'à demain :
Vive un joyeux festin !

STÉPHANE, cognant à tour de bras.

J'ai faim !.., monsieur, ouvrez-moi !... je vous somme de
m'ouvrir !

CÉSAR.

Résiliez-vous ?

STÉPHANE, criant.

Jamais !... j'y mettrai de l'entêtement !... jamais!

CÉSAR.

Alors, reste... Ugolin !

FINETTE, bas à César.

Une idée !... Faites-moi la cour ! (Elle se rapproche de lui.)

CÉSAR.

Hein ?... (Avec indignation.) Que je vous fasse la cour, moi ?...

FINETTE, bas.

Oui, c'est un moyen d'exciter sa jalousie... et de l'amener à rompre.

CÉSAR.

Tiens, au fait !... Puisqu'il ne me garde que parce que je
suis mal avec vous...

FINETTE.

Vous voyez bien !... allons, commencez !

CÉSAR.

Essayons !... (D'une petite voix douce.) C'est drôle, voisine, le
tête-à-tête... le champagne...

FINETTE, de même.

Et moi aussi... je me sens toute... brrr !...

CÉSAR.

Savez-vous que vous êtes très-gentille, ma voisine... (Montrant les dents, et à part.) Hou! que je vous déteste!

FINETTE.

Mais vous n'êtes pas mal non plus, mon voisin... (A part.) Gueusard!... va! (Elle le pince; César jette un cri. — La porte du cabinet s'agite violemment; bas à César.) Ça prend!

CÉSAR, galamment.

Des yeux!... un petit nez!...

FINETTE.

La taille élégante!... la jambe fine!...

CÉSAR, à part, entre ses dents.

Nez pointu!

FINETTE, de même.

Grandes pattes! (La porte du cabinet s'agite de nouveau; à César.) Ça prend très-bien!... continuez!

CÉSAR.

Vrai, je vous trouve charmante!

FINETTE.

Je vous trouve très-aimable!

CÉSAR.

Adorable!...

FINETTE.

Beau!... ah! qu'il est donc beau, cet homme!

STÉPHANE, frappant à coups redoublés.

Ah! je suffoque! j'écume!

CÉSAR, bas à Finette.

Il écume!... bravo!

FINETTE, bas, en se levant.

Baisez-moi la main.

CÉSAR, de même.

Hein? moi!... vous voulez que...?

FINETTE, bas.

C'est pour l'achever! (Elle la lui tend.)

CÉSAR, à part.

Hou!... je voudrais la mordre!... (Il dépose sur la main de Finette un baiser bruyant.)

FINETTE, bas.

Plus fort!... plus fort!... allez donc!... (Nouveau baiser.)

STÉPHANE, criant.

Assez! assez!... je consens à tout!... je déchire le bail!...

CÉSAR, avec joie.

Ah!...

FINETTE, de même.

Enfin!... ça n'est pas sans peine!

CÉSAR, allant à la porte du cabinet.

Vous le jurez?

STÉPHANE, criant.

Sur le code du propriétaire!

CÉSAR.

Ça suffit!... (Ouvrant la porte.) Vous pouvez sortir.

STÉPHANE, entrant; il est très-pâle *.

Oui, je romps, je résilie!... vous partirez dès qu'il vous plaira.

CÉSAR, très-joyeux.

Bravo! dès demain je déménage.

FINETTE, à part.

Bon débarras!

STÉPHANE, bas à Finette.

Ce soir, à huit heures, je viendrai savoir votre ultimatum!

FINETTE, ne comprenant pas.

Mon ultima...

STÉPHANE.

Tum! (A part.) Courons sucer une aile de poulet!

CÉSAR.

Allons faire ma malle! (Il donne à Stéphane sa canne et son chapeau, que celui-ci, en entrant, avait posés sur le canapé.)

ENSEMBLE.

Air du marché des Innocents.

STÉPHANE, à part.
A l'éblouir,
A l'attendrir
Je dois parvenir!
Oui, dès ce soir,
De l'émouvoir
Je garde l'espoir!

FINETTE et CÉSAR, à part.
Il va
Je vais partir
Et déguerpir.
Pour moi quel plaisir!
Ne plus le voir
        la
Matin et soir
Quel heureux espoir!

(César et Stéphane sortent par le fond.)

* Finette, Stéphane, César.

SCÈNE VIII

CÉSAR, FINETTE.

FINETTE, avec joie.

Enfin!... il va décamper! (Elle ôte son couvert et range la table
à droite près du canapé.)

CÉSAR, rentrant chez lui.

Victoire!... me voilà libre!...

FINETTE.

Je suis donc débarrassé de ce galopin de César!

CÉSAR, tirant une grande malle de dessous le lit et la posant sur deux
chaises.

Je vais donc être délivré du voisinage de cette insupportable Finette!... quelle chance!

FINETTE.

Quelle bénédiction!...

CÉSAR.

Vite, emballons mes effets, mes bibelots!... (Il va pour ouvrir
la malle et s'arrête.) Eh bien!... et la clef?... où diable ai-je
fourré la clef de... (Cherchant sous le lit, dans les tiroirs, de tous les
côtés.) Allons, bon!... allons bien!... voilà que j'ai perdu la
clef de ma malle!... (Avec colère.) Pristi!... sapristi!... nom
d'un petit bonhomme!... (Il bouscule les meubles.)

FINETTE, qui, tout en rangeant, a prêté l'oreille.

Qu'est-ce qu'il a encore à faire son remue-ménage?

CÉSAR, ouvrant et fermant les tiroirs avec colère.

Sapristi de sapristi!... qu'est-ce que j'en ai fait?

FINETTE, criant.

Eh! dites donc, là-bas, avec votre train?... est-ce que ça
va recommencer?

CÉSAR, criant.

J'ai égaré la clef de ma malle!... Et demain, quand il
faudra déménager, je ne serai pas prêt... voilà!... comme
c'est agréable!

FINETTE.

Eh bien! attendez, j'en ai des clefs, moi.

CÉSAR.

Vous avez des clefs?...

FINETTE, cherchant dans sa commode.

Et peut-être dans le nombre en trouverez-vous une...

CÉSAR.

Qui ouvrira ma serrure? Bravo! je vas aller les chercher
par le carré.

FINETTE, qui a pris plusieurs clefs.

Inutile!... tirez votre verrou, je vas ouvrir le mien...

CÉSAR.

Ah! c'est juste!... nous communiquons!... (Il tire son verrou, Finette tire le sien, la porte de communication s'ouvre.)

FINETTE, s'arrêtant sur le seuil et lui remettant les clefs.

Du moment que c'est pour vous faire filer plus vite... Tenez... essayez!...

CÉSAR, essayant les clefs les unes après les autres.

Trop grande... trop petite... Ah! je crois que celle-ci...

FINETTE.

Elle va ?

CÉSAR.

Crac!... ça y est!... (Il ouvre la malle ; rendant les clefs à Finette.) En vous remerciant, mamzelle.

FINETTE.

Il n'y a pas de quoi.

CÉSAR.

Maintenant, rangeons mes frusques. (Il prend des effets dans sa commode et va pour les mettre dans la malle.)

FINETTE, le regardant.

Mais faites donc attention!... vous empilez tout ça!... Ah! ces hommes!... quels sans-soin !... quels brise-tout!... (Lui prenant les effets des mains.) Est-ce qu'on ne plie pas les habits, avant de les serrer ?...

CÉSAR.

Ah! ma foi... écoutez donc!...

FINETTE, les pliant et les rangeant.

Oui... vous faites encore une jolie femme de ménage!... (Prenant les chemises qu'apporte César.) Ce linge!... regardez-moi un peu ce linge. . dans quel état il est!... Pas un seul bouton!... Et ce col déchiré!... ces manchettes !...

CÉSAR.

C'est la blanchisseuse... en repassant... Elles arrachent tout avec leurs fers... Elles vont de la... (Il fait le geste de repasser.)

FINETTE.

Ah çà!... mais cette petite dame qui vient chez vous...

CÉSAR.

Dolorès ?...

FINETTE.

Dolorès ?

CÉSAR.

Oui! c'est une Espagnole...

FINETTE.

Oh! une Espagnole... de la sierra Grenéta.

CÉSAR.

Ah! c'est un mot!... (Applaudissant.) Charmant, voisine!...

FINETTE.

Elle ne vous raccommode donc pas?

CÉSAR.

Elle!... allons donc!... une femme comme ça raccommo-
der... au contraire!

FINETTE.

C'est drôle! moi, si j'avais un bon ami... ou un mari... je
le raccommoderais...

CÉSAR.

Ah! oui, vous!... mais elle! une femme qui a repoussé un
boyard!...

FINETTE.

Eh bien! attendez, je vas vous raffistoler ça... vous remet-
tre quelques boutons... (Elle entre chez elle et prend sa boîte à
ouvrage.)

CÉSAR.

Comment, vous, voisine?...

FINETTE, revenant.

Oui... Donnez-moi une chaise, voisin.

CÉSAR, la lui apportant.

Avec plaisir.

FINETTE.

Ce sera bientôt fait! (Elle s'assied près de la malle et se met à
coudre les boutons.)

CÉSAR, à part, la regardant.

Elle a des qualités... Insupportable!... mais des qualités!
(Il se remet à faire sa malle.)

FINETTE, cousant.

Vous l'aimez bien?

CÉSAR.

Qui ça?

FINETTE.

Mamzelle Dolorès?

CÉSAR, d'un air indécis.

Oh!... elle flatte mon amour-propre!... parce qu'elle a de
la toilette... ça fait honneur à un jeune homme... Et puis,
elle est jolie.

FINETTE.

Joli!... oui... je ne dis pas... mais l'air de ces femmes-là!... ont voit tout de suite ce que c'est.

CÉSAR, vexé.

Hein?... comment!... ce que c'est ?

FINETTE.

Ne vous fâchez pas!... je ne dirai plus rien... puisque ça vous vexe.

CÉSAR.

Du reste, grâce à vous, me voilà brouillé avec elle.

FINETTE.

Bah! ça se remettra... Les amoureux, c'est comme les chemises... ça se raccommode toujours !

CÉSAR.

Je ne sais pas!... c'est possible!... on verra.

FINETTE, après un petit moment de silence.

Dites donc, voisin, où allez-vous demeurer? Est-ce que vous quitterez ce quartier-ci ?

CÉSAR.

Oh! ma foi, j'en ignore... j'irai tout droit devant moi. On n'est jamais embarrassé, quand on est seul...

FINETTE.

Eh bien, et votre famille?

CÉSAR.

Oh! ma famille! Le lendemain de ma naissance, mes parents sont allés faire une partie de campagne, et ils m'ont oublié au pied d'un arbre... Le soir, quand ils ont vu que je ne rentrais pas, ça a dû bien les contrarier... Enfin, ils avaient lu le *Petit-Poucet*...

FINETTE.

Et vous aviez oublié de semer des petits cailloux... (A part.) Pauvre garçon !...

CÉSAR.

Et vous... vous restez ici ?

FINETTE.

Oui, j'aime mieux ça que d'aller au magasin, parce que revenir seule, le soir!... Les hommes sont si agaçants ! Dieu!... quels gêneurs !... Ils ne peuvent pas voir une jeunesse seule dans la rue sans tout de suite lui adresser des paroles incongrues : « Mademoiselle, voulez-vous accepter mon bras ? Peut-on vous offrir une voiture?... Où demeurez-vous? » C'est assommant!... (Se levant.) Tenez, c'est fini ! voilà vos chemises !

CÉSAR.

Ah! merci!... merci bien!... (Il va pour les prendre.)

FINETTE.

Laissez-moi faire... vous les chiffonneriez... (Elle va les placer dans la malle.)

CÉSAR, passant à droite *.

Mais dites donc, voisine, je pense à une chose.

FINETTE.

A une chose! quoi donc?

CÉSAR.

Si vous vouliez, moi je pourrais aller vous chercher le soir à votre magasin...

FINETTE, étonnée.

Comment!... vous?... mon ennemi juré!

CÉSAR.

Oh!... votre ennemi!... quand nous étions voisins... oui... Mais du moment que je déménage... je vous reconduirais jusqu'à votre porte... je vous servirais de protecteur, de porte-respect.

FINETTE, à part.

Tiens!... Il a du bon!... voisin désagréable, mais il a du bon!

CÉSAR.

Ça n'est pas l'embarras, vous savez-vous débarrasser des gens qui vous asticotent, vous! Et v'li! et v'lan!

FINETTE, riant.

Ah! oui, cette giffle que je vous ai donnée... vous y songez encore?

CÉSAR.

Elle était soignée!... ah! vous donnez de fameuses giffles, vous!... vous avez de bonnes mains... (Il regarde la main de Finette.) Tiens!... elle est toute petite, votre main!... (Il lui prend la main.)

FINETTE.

Vous trouvez?

CÉSAR.

Est-ce que c'est la même... de l'autre fois et de tout à l'heure?... vous n'en avez pas changé?...

FINETTE, riant.

Ah! ah! ah!... changé!... mais oui, c'est la même.

CÉSAR, à part, tenant toujours la main de Finette.

Des ongles roses!... fichtre! (Haut.) C'est drôle qu'avec de

* César, Finette.

si petites mains que ça on arrive à des résultats aussi solides !
(Il lâche la main.)

FINETTE.

Vous m'en voulez encore ?

CÉSAR.

Oh!... je vous en veux... pas précisément... du moment
que je déménage!... (La nuit arrive par degrés.)

FINETTE.

Allons, votre malle est faite. (César range la malle.) Tiens!...
le jour qui baisse!...

CÉSAR.

C'est vrai... faut allumer le gaz. (Il va allumer sa bougie.)

FINETTE *.

Je rentre chez moi... Voulez-vous me donner du feu, voisin ?

CÉSAR.

Comment donc! avec plaisir! (Finette va prendre son bougeoir et
allume sa bougie à celle de César ; puis tous deux ils se regardent un mo
ment sans rien dire.)

FINETTE.

AIR de *Perinette*.

Vous allez partir demain...

CÉSAR.

Plus de querelle importune !...

FINETTE.

Allons, voisin, sans rancune.

CÉSAR.

Voisin', donnez-moi la main !...
(Il se donnent la main.)
Eh ! mais... je crois qu'elle tremble !

FINETTE.

C'est de joie !... Eh ! mais, vraiment,
La vôtre aussi, ce me semble...

CÉSAR.

C'est d' plaisir, apparemment !

CÉSAR et FINETTE, chacun à part.

C'est drôle !... dans cette demeure
Je me plaignais de
Je m' plaignais de l' voir   rester ;

Je pars !
Il part !   Et l'on dirait à c'tte heure

Que je regrett' de   la   quitter !
                 le

(On entend frapper à la porte de César.)

* Finette, César.

FINETTE.

Ah ! on frappe chez vous !

CÉSAR, un peu troublé.

Ici ?... vous croyez ?

FINETTE.

C'est mamzelle Dolorès sans doute.

CÉSAR.

Oui... elle vient chercher sa correspondance...

FINETTE.

Je vous laisse... Adieu, voisin !

CÉSAR.

Adieu, voisine ! (Finette rentre chez elle, referme la porte de communication, puis l'entre-bâille et écoute.)

SCÈNE IX

CÉSAR, dans sa chambre, FINETTE, dans la sienne, puis DOLORÈS.

CÉSAR, à part.

Ses autographes !... c'est bon !... on va les lui rendre ! (Il va les prendre dans sa commode ; on frappe de nouveau.) Voilà ! (Il ouvre.)

DOLORÈS, s'arrêtant près de la porte *.

Comment ! vous me faites attendre ? je pose à votre porte, une femme dans ma position !...

CÉSAR.

Pardon, je cherchais...

DOLORÈS.

Et mes lettres ?

CÉSAR.

Les voici ! (Il lui offre un énorme paquet de lettres.)

FINETTE, à part.

Ah ! il les rend !..

DOLORÈS.

Elles y sont toutes ?

CÉSAR.

Ma parole d'honneur !

DOLORÈS, les prenant et avec dépit.

Alors, c'est fini ?... bien fini ?

CÉSAR.

Oui.

DOLORÈS, passant à gauche **.

Ah !... (Avec éclat.) Un homme pour qui j'ai refusé...

* César, Dolorès, Finette.
** Dolorès, César, Finette.

CÉSAR, achevant.

Un boyard, c'est convenu! Voyez-vous, vous êtes trop huppée pour moi.

DOLORÈS, ironiquement.

En vérité?...

CÉSAR.

Et puis, s'il faut vous l'avouer...

DOLORÈS.

Eh! bien?

CÉSAR.

Je crois que j'en aime une autre. (Mouvement de Finette.)

DOLORÈS.

Une autre?

CÉSAR.

Oui, une femme que je déteste... parce que les femmes qu'on ne peut pas souffrir, généralement c'est qu'on les adore.

DOLORÈS.

C'est bien! vous êtes libre!... Adieu! (Remontant à droite.) *
Décidément, il n'y a que les hommes du monde... (Elle sort et repousse brusquement la porte.)

CÉSAR **.

Bon voyage!

FINETTE, à part, avec émotion.

Tiens!... il m'aime!... ah! bah! (On frappe à sa porte.) Quelqu'un !... monsieur Stéphane sans doute... (Haut.) Entrez!

CÉSAR, à part.

Du monde chez la voisine!... (Il s'approche de la porte de communication et écoute.)

SCÈNE X

CÉSAR, chez lui, FINETTE et STÉPHANE dans l'autre chambre.

STÉPHANE, entrant chez Finette ***.

C'est moi, ma toute belle!... l'Amour chez Psyché!... je viens chercher votre réponse.

FINETTE.

Ma réponse?...

CÉSAR, à part.

Encore le Beaucroûton!

* César, Dolorès, Finette,
** César, Finette.
*** César, Stéphane, Finette.

STÉPHANE.

Acceptez-vous mes hommages? voulez-vous être la reine de la Babylone moderne?

FINETTE.

Non!

STÉPHANE.

Bah! et pourquoi?

FINETTE.

Je vous l'ai déjà dit, on a des principes dans la broderie... et d'ailleurs, je crois que j'aime quelqu'un.

CÉSAR, à part.

Tiens!... elle aussi!

STÉPHANE.

Comment! j'aurais un rival?

FINETTE, avec intention.

Oui, j'aime un jeune homme que je déteste... parce que les hommes qu'on ne peut pas souffrir, généralement c'est qu'on les adore.

CÉSAR, à part.

Ah bah!...

STÉPHANE, avec dépit.

C'est bien, ma chère, c'est bien!... je voulais vous tirer de votre mansarde... vous lancer, vous mettre à la mode. Ça ne vous va pas, n'en parlons plus! Adieu!... Ce soir, chez la duchesse! (Il sort.)

FINETTE.

Imbécile, va!...

SCÈNE XI

CÉSAR, FINETTE.

CÉSAR, frappant doucement à la porte de communication.

Voisine? (Il refrappe.)

FINETTE.

Voisin? (Elle ouvre la porte; César entre chez elle.)

TOUS DEUX, partant d'un éclat de rire.

Ah! ah! ah! ah!

FINETTE.

Étions-nous bêtes!

CÉSAR.

Ah! oui!... pour ça, oui!... nous qui, il y a une heure encore, nous abominions!...

FINETTE.

Qui ne pouvions pas nous voir en peinture !...

CÉSAR.

Qui nous regardions...

FINETTE.

Comme deux chiens de faïence!

CÉSAR.

Et maintenant...

FINETTE.

Ah! dame... maintenant... ce n'est plus ça!

CÉSAR.

Mais du tout, du tout!

FINETTE.

Jeune homme, avez-vous vos papiers?

CÉSAR.

Mes papiers? mais certainement... je suis en règle.

FINETTE.

Eh bien! faut faire publier les bans.

CÉSAR.

Dès demain... ça me va !... (Solennellement.) Mademoiselle
Finette, vous aurez les destinées d'une princesse!

FINETTE, de même.

Monsieur César, vous aurez des boutons à vos chemises!

CÉSAR.

AIR *de la ronde de Table.* (Victor Chéri.)

Quell' drôle'de chos' que l'existence!

FINETTE.

Quell' chos' cocasse que le sort!

CÉSAR.

On se regarde en chiens d' faïence,
On se dispute tout d'abord...

FINETTE.

On s'égratigne, on griffe, on mord!

CÉSAR.

Puis doucement... (*bis.*)

FINETTE.

Bien doucement... (*bis.*)
Ah ! quel changement !
On d'vient charmant,
On d'vient complaisant,
Puis carressant,
Et, sans savoir pourquoi ni comment,
Arrive le sentiment!

(Pendant ce refrain, César fait des vocalises.)

FINETTE, poussant doucement César vers la porte de communication, pendant que l'air se continue, piano à l'orchestre.

Allons, voisin, il se fait tard... il faut rentrer chez vous.

CÉSAR.

Déjà?

FINETTE, même jeu.

Allons, chacun chez soi!... à demain!... bonsoir, voisin!

CÉSAR, avec regret.

Bonsoir, voisine. (Il rentre chez lui ; Finette ferme la porte de communication. Le rideau tombe sur le refrain de l'air repris *forte* à l'orchestre.)

FIN.

Imprimerie de L. TOINON et Cie, à Saint-Germain.

www.ingramcontent.com/pod-product-compliance
Lightning Source LLC
LaVergne TN
LVHW021158200726
843510LV00001B/436